LOUIS PHILIBERT FRANÇOIS

ROUXEL-BLANCHELANDE

ci-devant Maréch.ˡ de-Camp,

INTERROGATOIRES

ET

JUGEMENT

AU TRIBUNAL CRIMINEL,

RÉVOLUTIONNAIRE,

DE LOUIS - PHILIBERT - FRANÇOIS

ROUXEL - BLANCHELANDE,

Ci-devant Maréchal-de-Camp, et Lieutenant pour le roi au gouvernement des Isles - Françoises-sous - le-Vent ;

AUTEUR des Massacres qui ont été commis à St. Domingue contre les meilleurs Parriotes qui s'étoient constamment opposés au plan de contre-révolution, machiné par ce perfide agent de *LOUIS CAPET*, et dont le but principal étoit de faire massacrer tous les Habitans de cette malheureuse Colonie, pour livrer leurs propriétés aux Emigrés.

AUDIENCE DU JEUDI 11 AVRIL 1793.

INTERROGÉ de ses noms, sur-noms, âge, qualités, lieu de naissance et demeure :

A dit se nommer LOUIS - PHILIBERT - FRANÇOIS ROUXEL-BLANCHELANDE, âgé de 56 ans, natif de Dijon, département de la Côte-d'Or, maréchal-de-Camp, et lieutenant au gouvernement des Isles-Françoises-sous-le-Vent.

A

Il résulte de l'acte d'accusation que l'accusé, fonction-
naire-public, a été dénoncé aux commissaires-nationaux
civils, délégués aux mêmes îles , comme un ennemi
de la révolution française , a subi devant eux le 29 septembre dernier un interrogatoire, dont le résultat fournit
divers faits précédemment dénoncés à la convention
nationale , et qui ont motivé son décret d'accusation
ainsi qu'il suit :

La convention nationale , après avoir entendu le rap-
port de ses comités colonial et de législation réunis, et
avoir pris connoissance du procès-verbal d'interrogatoire subi par Philibert-François Rouxel-Blanchelande,
ci-devant lieutenant au gouvernement des Isles-Fran-
çaises-sous-le-Vent, devant les commissaires nationaux
civils, délégués aux mêmes Isles le 29 septembre 1792,
accuse , par le présent acte, ledit Blanchelande devant
le tribunal criminel du département de Paris, comme
prévenu , etc.

1º. Il paroît , d'après ce procès-verbal, que Blanchelande a ordonné et autorisé des arrestations illégales et
des déportations arbitraires ; et que par-là il a attenté
à la liberté individuelle , base essentielle de la constitution française;qu'il a violé cette même constitution par
un abus des pouvoirs qui lui étoient confiés en sa qualité
de représentant du pouvoir-exécutif. Or cet attentat est
un crime dont Blanchelande doit être prévenu en cette
même qualité , aux termes des articles XIX et XX de
la 3eme sèction du titre 1er du code pénal.

En conséquence , la convention accuse Blanchelande
d'avoir attenté à la liberté individuelle , en ordonnant,
en sa qualité de représentant du pouvoir exécutif , l'arrestation d'un citoyen hors du cas déterminé par la loi,
et en le remettant ensuite à un tribunal sans pouvoirs,
et en autorisant la déportation de divers citoyens vivant
sous les loix françaises , articles XIX et XX de la
3eme section du code pénal.

2º. Il paroît d'après le même procès-verbal que Blanchelande a déclaré par écrit qu'il ne se prêteroit jamais
à l'exécution du décret du 15 mai 1791, si ce décret lui
étoit envoyé officiellement.

Pourquoi la convention accuse Blanchelande d'avoir
directement et par abus de ses fonctions provoqué les

(3)

citoyens à désobéir à la loi et aux autorités légitimes ,
par la déclaration ci-dessus énoncée , art. V, sect. V.
titre Ier du code pénal.

3°. Il paroît enfin qu'il a approuvé un arrêté de l'assemblée coloniale de St. Domingue du 27 mai 1792 ,
dont le préambule tendoit à allumer le feu dans la colonie , à l'occasion de la loi du 4 avril 1792 , en ce qu'il y
étoit supposé que le corps législatif n'avoit pas le droit
de la décréter.

Pourquoi la convention nationale accuse Blanchelande
d'avoir provoqué directement et par un abus de ses fonctions , les citoyens à désobéir à la loi et aux autorités
légitimes , par l'approbation ci-dessus énoncée, donnée
par lui à l'assemblée coloniale de St. Domingne , du 27
mai 1792 , art. V, sect. V du tit. I du code pénal.

Il en résulte encore que, tant par sa déclaration écrite,
que par l'approbation par lui donnée à l'arrêté de l'assemblée coloniale dont il s'agit , il a adhéré à un parti
qui par sa résistance combinée et continuée à l'exécution
des loix , et par les complots qu'il a manifesté contre
cette même exécution , a armé les citoyens les uns
contre les autres , et soufflé le feu de la guerre civile ;
il paroît que Blanchelande en approuvant l'arrêté de
l'assemblée coloniale du 27 mai 1792 , qui n'est que le
résultat de ses complots , s'est mis en prévention d'un
crime contre la sûreté intérieure de la colonie de St.
Domingue , et de l'état dont elle fait partie.

En conséquence , la convention nationale accuse
Blanchelande :

D'avoir , par les mêmes déclarations et approbations
participé à des complots tendans à troubler la colonie
de St. Domingue , et l'état dont elle fait partie , en armant les citoyens les uns contre les autres contre l'exercice de l'autorité légitime. Art. II, sect. II, tit. I du code
pénal.

Le décret d'accusation est du 30 novembre 1792.

L'accusateur-public expose les faits contenus en l'acte
d'accusation; il les précise avec clarté, en classant chaque
délit selon les dates où ils se sont passés; cet important
travail a duré près de deux heures ; on a procédé ensuite à l'audition des témoins.

A 2

Témoignage de LOUIS - FRANÇOIS - CHÉRAL- MONT-RÉAL.

Le citoyen *Louis - François Chéral - Mont - Réal*, ci-devant propriétaire d'une habitation à St. Domingue, dépose qu'il ne connoît Blanchelande que de ce qu'il en a entendu dire par la voie publique; sait cependant qu'il s'est refusé d'obéir au décret du 28 mars; sait aussi que le pouvoir exécutif royal envoya des agens soudoyés à grands frais pour opérer la contre-révolution, qu'ils furent reçus à bras ouvert par Blanchelande; que cet accusé institua une assemblée coloniale, toute composée de citoyens blancs, au détriment des hommes de couleurs; qu'il a fait une proclamation pour l'exécution stricte de la loi du 28 mars, que lui-même n'exécutoit point. Un combat s'étant donné entre les blancs et les hommes de couleurs, s'appercevant qu'ils répandoient leur sang inutilement, ils convinrent entr'eux de faire un concordat; l'ayant porté à l'assemblée coloniale pour y donner son assentiment, et à Blanchelande pour le sanctionner, en sa qualité de représentant du pouvoir-exécutif, qu'il s'y est constamment refusé ainsi que l'assemblée coloniale. Les bataillons de Normandie et d'Artois envoyés pour secourir la colonie de St. Domingue s'étant présentés pour mettre pied à terre, Blanchelande s'y opposa, sous le vain prétexte que tout étoit fort tranquille, tandis que tout étoit en feu; les bons citoyens désespérés de ce que les troupes ne débarquoient pas, firent illuminer la ville en signe de détresse.

Les soldats voyant l'illumination, jugèrent que les habitans demandoient des secours, ils voulurent descendre, les chefs s'y opposèrent, en disant que c'étoit inutile, attendu que ces sortes d'illuminations étoient d'usage dans ces climats; plusieurs matelots qui composoient l'équipage observèrent qu'ils étoient déjà venus à St. Domingue, et qu'ils n'avoient jamais vu de pareils signaux, que lors du plus grand danger. Alors les soldats ne balancèrent pas un seul instant à descendre à terre, malgré les chefs; ils trouvèrent sur la rade un nombre infini de citoyens de tous âges et de toutes couleurs, qui leur firent part de leurs douleurs, leurs parens et leurs amis étant dans les fers. Ces braves soldats qui venoient de la Bretagne, leur apprirent des nouvelles de France, en leur disant que la tyrannie y étoit écrasée pour jamais; ayant serré les habitans dans leurs bras, ils leur promirent de faire tout ce qui seroit en leur pouvoir, pour les secourir ; ce qu'ils ont fait, en rendant la liberté à un grand nombre de bons citoyens détenus en prison.

Enfin Blanchelande me fit déporter de la colonie avec sept autres citoyens, dont un nommé *Praloto*, patriote courageux, sur lequel on avoit résolu d'exercer un acte de la plus noire et cruelle vengeance; on le mit dans un canot, pour le conduire, disoit-on, à St. Marc; mais Roi-de-Lagrange, agent de Blanchelande, qui le conduisoit, le fit lier, le hacha à coups de sabre et le fit jetter à la mer. Mis à bord du navire *le Bienfaisant*, je suis parti de la colonie avec mes compagnons d'infortune le 5 juin 1792; arrivés à Nantes, nous fimes part aux négocians des malheurs arrivés dans la colonie, ainsi qu'au ministre à Paris, et au comité colonial de l'assemblée nationale.

L'accusé interpellé de déclarer ce qu'il a à répondre à cette déposition, dit qu'il demande que le témoin donne et établisse des certitudes sur les faits qu'il avance.

Le témoin répond que personne n'ignore dans la république que Blanchelande est parti de France, chargé de faire exécuter la loi du 28 mars ; que c'est lui qui a formé l'assemblée coloniale d'hommes blancs, la plupart ses créatures ; et que pendant les deux ans qu'il a resté à St. Domingue, les patriotes y ont été constamment persécutés et plusieurs massacrés.

Le défenseur de Blanchelande prétend que l'accusé ne peut être obligé, aux termes de la loi, qu'à répondre sur les faits portés en l'acte d'accusation, et non à des milliers d'autres faits qui y sont étrangers ; il demande néanmoins que l'accusé y réponde, et que les citoyens jurés y aient tel égard que de raison.

L'accusateur public rétablit l'erreur dans laquelle paroissoit tomber l'accusé et son défenseur, et conclut à ce qu'il soit passé outre à la continuation des débats, et que les témoins soient entendus sur tous les faits qui sont à leur connoissance.

Les débats sont continués.

L'accusé interpellé de déclarer s'il est en sa connoissance que les gens de couleur aient été gênés pour entrer dans les assemblées primaires.

(6)

A répondu. Ils n'y ont jamais entré.

L'accusé sommé de s'expliquer sur les moyens qu'il a employés pour faciliter aux gens de couleurs leurs entrées dans lesdites assemblées.

A répondu. Mon rôle étoit seulement de faire exécuter les loix, et non de me mêler de ce qui regardoit les autorités constituées ; je la leur indiquois, c'étoit à eux à s'y conformer ; j'ai d'ailleurs, à cet égard, écrit au ministre l'état des faits, afin de savoir de lui la marche que je devois suivre.

A lui observé qu'il ne répond point à la question qui vient de lui être faite, qui consiste à déclarer quels sont les moyens qu'il a employés pour faire jouir les gens de couleurs du bénéfice de la loi.

A répondu. Je ne délibérois pas ; c'étoit aux assemblées à savoir ce qu'elles avoient à faire ; ceci est étranger à mon accusation. — L'accusé lit une proclamation en date du 11 février 1791, adressée par lui à toutes les assemblées coloniales et provinciales, et aux municipalités et paroisses de la colonie, pour les engager à exécuter la loi du . . . octobre 1790. — L'accusé ajoute que jamais les gens de couleurs ne se sont adressés directement à lui pour réclamer leurs droits, attendu que ce n'étoit point à lui à vérifier leurs titres d'activité.

Le témoin continue sa déposition. Il observe qn'à l'égard de l'arrestation de Borel, il n'en a aucune connoissance, sait seulement que le tribunal du Port-au-Prince créé par Blanchelande, et composé de contre-révolutionnaires, a lancé des décrets de prises-de-corps contre les meilleurs patriotes de la ville des Cayes ; et ce, sur des denonciations anonymes qui se fabriquoient dans la ville à l'instigation du gouvernement de S. Domingue ; que le commandant Mauduit, agent de Blanchelande, ayant été massacré, on trouva sur lui une lettre de l'accusé, laquelle portoit : « Si vous faites des prisonniers, prenez des mesures rigoureuses afin qu'ils soient jugés en 36 heures. » Le témoin observe qu'il s'agissoit des meilleurs citoyens ; beaucoup furent arrêtés et conduits au Port-au-Prince, pour y être jugés par le tribunal que Blanchelande appelloit le tribunal de paix et de conciliation, et ce, contre les loix qui attribuent au tribunal de la sénéchaussée des Cayes les délits

commis dans cette ville , en supposant que les citoyens
arrêtés fussent coupables.

L'accusé interpellé de déclarer quel est le motif qui
a engagé le tribunal du Port-au-Prince à se saisir et
connoître d'une affaire passée aux Cayes; qu'il ne peut y
avoir été autorisé que par lui , alors gouverneur ; et
pourquoi le tribunal des Cayes n'en a pas connu du
moins en première instance ?

A répondu. J'ignore absolument s'il y a eu des citoyens
des Cayes amenés au Port-au-Prince.

Simon-Arnaud Ligner , avoué, demeurant ordinai-
rement au Port-au-Prince, dépose avoir vu arriver l'accusé au Port-au-Prince, au mois d'octobre 1790, où
étoit alors Pénier, gouverneur; Blanchelande ayant
fait enregistrer ses lettres de pouvoirs, les patriotes
qui se trouvoient vexés depuis quelques-tems par une
corporation connue sous le nom de Ponpons blancs, qui
se permettoit de délibérer en secret, et décacheter les
lettres adressées aux patriotes appellés Districts, il promit qu'il rendroit justice, mais il se garda bien de tenir
parole; au contraire, il protégea la faction des Ponpons.
S'étant concerté avec le commandant Mauduit, ils firent
chacun une tournée dans l'Isle ; Mauduit dans son voyage, cassa les municipalités; fit arrêter les municipaux,
sous le prétexte que c'étoient des mauvais citoyens;
Blanchelande de son côté fit arrêter la municipalité du
Petit-Thouard ; les bataillons de Normandie et d'Artois
s'étant présentés pour secourir la ville , il s'opposa à
leur descente, en disant que tout étoit tranquille, tandis
que tous les bons citoyens y étoient désarmés, et d'autres dans les fers.

Les habitans, désespérés de voir que ces bataillons ne
débarquoient pas, imaginèrent d'allumer des feux, pendant la nuit, pour avoir des secours ; les soldats voyant
ce signal de détresse, descendirent à terre malgré leurs
chefs ; ils furent reçus à bras ouverts par les citoyens,
qui leur firent part de leurs maux.

Les soldats leur apprirent ce qui se passoit en France,
où le peuple venoit de recouvrer ses droits ; ils leur
donnèrent les détails du serment qui avoit été prêté à
Paris et dans toute la France, où les citoyens de toutes
les classes s'étoient confondus et mêlés dans un épan-

chement fraternel, et avoient juré de combattre ensem-
ble jusqu'à la mort, pour le triomphe de la cause commune et l'anéantissement de la tyrannie. Ces heu-
reuses nouvelles versèrent un baume délicieux sur
les playes des infortunés colons ; on délivra environ
deux cens citoyens qui étoient dans les fers ; Mauduit
fut massacré, on trouva sur lui une lettre de Blanchelande qui le compromettoit ; on alloit s'emparer de sa
personne, mais ayant été averti, il se sauva par une
porte de derrière, de son gouvernement ; s'en fut au Cap,
à 60 lieus de là, où il se mit à répandre les calomnies
les plus atroces contre les citoyens patriotes du Port-
au-Prince. Il renvoya six mille hommes qui arrivoient
de France, sous prétexte qu'ils étoient dans les mauvais
principes ; il redemanda des forces, il lui en fut envoyé d'autres. Plusieurs des nouveaux arrivés en dé-
barquant crièrent : *vive le roi, vive Condé, Bouillé,
Blanchelande, et merde pour la Nation!* Les citoyens à
force de réprésentations, obtinrent leur départ pour
la France ; mais au lieu de s'y rendre, pour leur conduite y être examinée, on les embarqua sur un brick,
qui les conduisit à l'ile de la Jamaïque ; on ignore ce
qu'ils sont devenus. Une municipalité fut établie, on
forma un club ; l'accusé s'est présenté avec deux vaisseaux de siège et deux frégates devant la ville du Port-
au-Prince, il fit retirer derrière lui les vaisseaux qui
étoient en rade, annonça ensuite qu'il alloit bombarder
la ville, si l'on ne livroit pas 300 citoyens, dont il donna
les noms ; c'étoient les meilleurs patriotes ; il demanda
l'exportation de plusieurs autres, ainsi que celle des
bataillons d'Artois et Normandie, il demanda de débar-
quer deux mille hommes dont la plupart étrangers ; il
falut obéir. Normandie fut embarqué, d'Artois resta à
la sollicitation des bons citoyens ; enfin lui témoin ayant
reçu un ordre signé de la municipalité, il s'y rendit ; on
lui annonça qu'il étoit un de ceux qui devoient être déportés ; il voulut en demander la raison, on lui répondit
qu'il falloit obeir ; voulant montrer son respect à la loi,
il se rendit à bord du vaisseau le *bienfaisant*, où il trouva
les autres citoyens, devant être ainsi que lui déportés ; ils
furent gardés par la corporation des ponpons blancs,
qui les accabloient de mauvais traitemens, en leur cra-

chant

chant au visage. Les citoyens instruits du malheureux
état dans lequel ils se trouvoient, furent se jetter aux
pieds de Blanchelande pour l'adoucir; il promit de faire
retirer les ponpons blancs; mais il fallut partir; au
nombre des déportés, étoit *Praloto*, capitaine commandant l'artillerie du Port-au-Prince, un des plus courageux partisans de la révolution française.

On le lia, et on le mit dans un canot, pour le conduire, disoit-on, au tribunal de Saint-Marc; mais en
route il fut haché en morceaux; ses membres palpi-
tant furent mis dans un sac, et jettés à la mer avec
des boulets; cet assasinat fut commis par le nommé
Roi-de-la-Grange, prévôt de la maréchaussée, créa-
ture idolâtre de Blanchelande; quand aux autres citoyens, il partirent et apprirent en route qu'ils étoient
déportés aux frais du roi, par l'ordre du gouverneur
Blanchelande; ayant demandé au capitaine s'il avoit l'ordre de les constituer prisonniers en france, il leur répondit que l'ordre dont il étoit porteur leur seroit communiqué à leur arrivée. Le vaisseau ayant mouillé à Minden,
à 20 lieues de Nantes, ils demandèrent s'ils pouvoient
mettre pied à terre comme le reste de l'équipage; le
capitaine répondit que cela ne pourroit se faire que lorsqu'il sauroit ce qui se passoit en France. Heureusement
c'étoit le 15 août dernier, et la nouvelle de l'affaire du
10, qui venoit d'avoir lieu à Paris étoit déjà connue dans
toute la Bretagne; le capitaine s'empressa de leur dire
qu'ils étoient libres, et qu'ils pouvoient aller où bon leur
sembleroit.

Il y a tout lieu de présumer que si l'événement du 10
août ne fût pas arrivé, ils auroient été jettés dans les
cachots.

Le témoin termine sa déposition par les détails de l'arrestation de Borel, dont il sera parlé ci-après.

L'accusé observe que pour répondre à cette déposition
il seroit prudent qu'il eût devant lui une série des faits
articulés par le témoin, ajoutant que ce citoyen Ligner
est un de ses ennemis les plus acharnés contre lui: il
s'offre de prouver par cinq témoins qu'il produira à
l'audience, qu'il a dit que si le tribunal l'acquittoit, il
lui brûleroit la cervelle.

B

Le témoin s'explique, en donnant le détail de la conversation où il a tenu ce propos.

L'accusé interpellé de déclarer si c'est lui qui a donné les ordres de déportations.

A répondu. Ce n'est point moi qui ai donné ces ordres.

L'accusateur-public observe à Blancbelande qu'en sa qualité de commissaire du pouvoir-exécutif, il doit savoir qui les a donnés.

A répondu. C'est M. Roum qui les a donnés à la municipalité.

A lui demandé si c'est lui qui a donné l'ordre d'arrêter Borel ?

A répondu. Non.

A lui demandé pourquoi, puisque ce n'est pas lui qui a fait arrêter Borel, il a partagé ce crime en le laissant pendant 52 jours au cachot, nonobstant les réclamations que lui faisoit ce citoyen ?

A répondu. C'est moi qui lui ai sauvé la vie en le tirant au tribunal de St. Marc; sans cela il auroit été infailliblement massacré.

A lui demandé pourquoi il a souffert que l'on criât : *Vive le roi ! Vive Blanchelande !*

A répondu. Cela est faux. Ils ont crié : *Vive la nation, la loi et le roi !*

A lui demandé pourquoi ceux qui avoient ainsi crié *vive le roi !* ont été conduits à la Jamaïque ?

A répondu. Une tempête les a forcés d'y relâcher.

A lui demandé s'il est vrai qu'il s'est présenté devant la ville du Port-au-Prince dans le dessein de la bombarber, si l'on ne lui livroit pas 300 citoyens, dont il remit les noms.

A répondu. J'ai été au Port-au-Prince avec deux vaisseaux de ligne et deux frégates, non pas pour bombarder la ville, mais pour faire exécuter la loi du 4 avril.

Interrogé sur la corporation connue sous le nom de pompons blancs, il dit : c'étoit une société qui existoit avant mon arrivée sous mon prédécesseur.

A lui demandé s'il est à sa connoissance que cette société violoit le sceau des lettres en les décachetant ?

A répondu. Je n'ai jamais entendu parler de ce fait.

A lui demandé s'il n'a pas assisté quelquefois à leurs délibérations ?

A répondu, j'y ai assisté pour tâcher de les réunir avec les autres citoyens.

A lui demandé pourquoi lorsqu'il a vu qu'elle ne vouloit point changer de principes, il ne l'a point dissoute ?

A répondu. Elle l'a été à l'arrivée des commissaires.

A lui demandé pourquoi il a souffert que le colonel Mauduit cassât les municipalités ?

A répondu. Je n'ai jamais entendu parler de cela.

Le témoin continue et dit que Blanchelande a fait arrêter pendant la nuit un grand nombre de citoyens, qu'il a fait incarcérer.

L'accusé répond sur ce fait : le conseil supérieur m'ayant écrit pour me demander les moyens de mettre à exécution des décrets de prises-de-corps contre les criminels du petit-Goave, j'y ai envoyé un détachement de maréchaussée, qui s'est acquitté de sa mission avec humanité et célérité.

L'accusé lit les lettres qui lui ont été adressées à ce sujet.

A lui demandé si ces pièces sont authentiques et où sont les originaux ?

A répondu. Ils sont au bureau de la marine.

A lui demandé si c'est lui qui avoit établi une loi martiale qui défendoit le rassemblement de cinq personnes ?

A répondu. Je n'en ai jamais entendu parler.

A lui demandé si c'est lui qui a ordonné le massacre de *Praloto* ?

A répondu. Non : je le croyois parti; car l'on m'avoit dit qu'il devoit aller en Provence.

A lui demandé qu'elles sont les démarches qu'il a faites pour en faire punir l'assassin ?

A répondu. J'étois parti alors pour faire une tournée de deux mois.

On procède à l'audition du troisième témoin, *Brudieu*, huissier du Port-au-Prince.

Sa déposition est à peu de chose prés la même que les deux précédentes, sinon qu'il ajoute que lors de l'arrivée de Blanchelande au Port-au-Prince, il somma les navires qui étoient en rade de se mettre derrière lui ; et de suite il mit un embargo, afin que ses victimes ne pussent pas lui échapper.

L'accusé répond. Il est bien vrai qu'il y a eu un embargo de 24 heures.

Le témoin continue sa déposition et soutient que l'embargo a duré huit jours ; il ajoute que lors de la formation de l'assemblée coloniale à Léogane, l'accusé parut autour de l'église où elle devoit s'assembler, avec une force armée de 300 hommes, ce qui intimida un grand nombre de bons citoyens, et ceux qui parlèrent avec énergie dans le sens de la révolution, on les arrêta : lui, témoin, fut du nombre ; il a resté 37 jours en prison. Enfin il a été arrêté dans son lit la nuit par des cavaliers qui le conduisirent à Léogane, et le déportèrent en France par les ordres de Blanchelande.

L'accusé interpellé pourquoi il n'a point fait exécuter la loi du 10 décembre, portant amnistie en faveur des citoyens détenus pour causes relatives à la révolution ?

A répondu. J'ai toujours fait passer exactement les loix à mesure que je les recevois ; j'observe d'ailleurs au tribunal que ceci m'entraîne dans des torrens de faits sur lesquels je ne m'étois nullement attendu d'être intérrogé ; si j'avois pu le prévoir, je me serois recueilli afin de me rappeller des faits sur lesquels la foiblesse de ma mémoire ne me permet pas de répondre avec précison en ce moment ; j'en aurois fait part à mon défenseur. Si l'on veut dresser en ce moment contre moi un nouvel acte d'accusation, je demande le temps de pouvoir me reconnoître, afin d'examiner et vérifier les piéces s'il y en a.

Le défenseur de l'accusé demande que les témoins circonscrivent leurs dépositions sur les faits portés en l'acte d'accusation.

L'accusateur-public réfute les assertions avancées par l'accusé et son défenseur, et conclud à ce que les témoins soient libres de déclarer ce qui est à leur connoissance, sauf aux citoyens jurés d'y avoir tel égard que de raison.

Le tribunal fait droit sur les conclusions de l'accusateur-public.

L'accusé dit : je serai jugé sans pouvoir me défendre, n'ayant pu préparer mes moyens de défense.

Le témoin interpellé de déclarer s'il est à sa connoissance que le pavillon tricolore ait été arboré au Port-au-Prince, conformément à la loi ?

Le témoin répondant à ladite interpellation, dit avec énergie ; oui , il a été arboré ; mais cette opération avoit plutôt l'air d'une fête funèbre que d'une cérémonie civique.

L'accusé soutient au contraire qu'il a été arboré avec éclat. Il fait lecture d'une lettre circulaire adressée par lui , à ce sujet, aux commandans qui se trouvoient alors en rade , lorsqu'il reçut officiellement la loi.

Le témoin continue et déclare qu'il est à sa connoissance que les Espagnols fournissoient des munitions et des canons aux révoltés ; plusieurs pièces leur ayant été prises, on les a reconnues pour leur appartenir.

L'accusé répond: On l'a présumé; mais cela n'a jamais été prouvé.

Le témoin reprenant la parole , dit que Blanchelande a entravé la liberté de la presse , en sanctionnant un arrêté de l'assemblée coloniale, qui établissoit un censeur.

L'accusé répond. Je n'ai pas la moindre idée de ce fait. J'ai signé pendant le tems que j'ai resté en fonction onze ou douze cens arrêtés de l'assemblée coloniale, je serois bien embarrassé en ce moment de savoir ce qu'ils contenoient.

A lui demandé quel étoit son but en créant le tribunal de St. Marc , , sous le nom de tribunal de paix et de conciliation !

A répondu. Je ne l'ai point créé; d'ailleurs je demande que le témoin fournisse les preuves de ce qu'il avance.

Sur la réponse du témoin qu'il n'a point les preuves matérielles, mais que ce fait est à la connoissance de tous les colons , et notamment des députés de St. Domingue qui sont à Paris.

L'accusé répond. Il est bien aisé de calomnier, et surtout sans preuves.

A lui demandé pourquoi il a renvoyé les 4000 hommes que le général Béhagne lui envoyoit de la Martinique !

A répondu. Que cela fut convenu avec l'assemblée coloniale.

On procède à l'audition du quatrième témoin.

L. F. Verneüil, habitant du Cap, donne les détails de l'arrestation de Borel. Son courage, ses vertus, son zèle pour le triomphe de la révolution lui obtinrent les suffrages de ses concitoyens; nommé par eux administrateur, il ne cessa un seul instant de s'occuper de leurs intérêts les plus chers; au milieu des contrariétés et des dégoûts qu'il éprouvoit de tous côtés et qui lui étoient opposés par les contre-révolurionnaires : la guerre civile éclatant de toutes parts, il falloit en tête de la force publique des hommes qui eussent la confiance des bons citoyens : la garde nationale du Port-au-Prince, à laquelle le civisme de Borel étoit connu, le nomma son commandant ; instruit de sa nommination, il fut trouver Blanchelande pour lui en faire part et lui annoncer en même temps qu'il avoit accepté. Il le pria de lui faciliter les moyens de pouvoir s'y rendre avec les deux commissaires qui étoient venus lui faire part de sa nomination, et de lui fournir les munitions nécessaires pour repousser les révoltés.

Blanchelande lui promit ce qu'il lui demandoit ; il lui offrit même un vaisseau de l'état pour le porter au Port-au-Prince ; mais il refusa de laisser partir d'autres personnes avec lui. Borel refusa de partir si les citoyens qui étoient venus le chercher ne partoient point avec lui ; ayant écrit l'état de sa position aux citoyens du Port-au-Prince, ceux-ci envoyèrent sur le champ le navire l'*Agathe* avec deux cens hommes pour les venir chercher; étant parti avec eux, ils furent arrêtés et faits prisonniers en route par Grimoard, commandant le vaisseau le *Borée*, qui les conduisit a St. Marc, où, par l'ordre de Blanchelande, ils furent livrés au tribunal qui lui étoit dévoué. Borel écrivit à Blanchelande de le venir voir, ou du moins de le faire mettre en liberté lui et ses infortunés compagnons ; celui-ci répondit à Borel par une lettre qui est ainsi conçue :

Au citoyen BOREL, 21 juin.

J'ai appris, avec autant de douleur que de surprise, votre arrestation, parmi des gens que l'on suspecte beaucoup ; le devoir de ma place m'oblige à tenir en état d'arrestation indistinctement tous les individus suspects jusqu'à l'arrivée des commissaires, qui décideront le parti que l'on devra prendre ; si vous voulez passer en France, je vous en faciliterai tous les moyens. Quant à présent, je ne peux ni ne dois vous voir ni vous entendre.

Le Lieutenant pour le Roi, BLANCHELANDE.

L'accusé interpellé de déclarer s'il reconnoît cette lettre pour avoir été par lui écrite.

A répondu. Oui.

Le témoin continue et rend compte de l'assasinat de *Praloto*, dont il est parlé dans la déposition du 3eme témoin ; il entre ensuite dans les détails de l'incendie de la ville du Port-au-Prince et du malheureux combat qui suivit peu de jours après, où un grand nombre de citoyens périrent. Il ajoute qu'un brave officier qui commandoit une colonne, indigné de voir périr à ses côtés tant de braves gens, par une si horrible trahison, se brûla la cervelle de désespoir. (Nous donnerons les détails de ce combat dans la déposition d'un autre témoin.)

L'accusé répond. L'officier dont parle le témoin ne s'est point brûlé la cervelle ; il fut blessé à l'affaire des Cayes, et est mort huit jours après.

Sur l'interpellation faite au témoin, s'il a connoissance que l'accusé vouloit faire arborer le drapeau blanc à Saint-Domingue ?

A répondu. Oui.

S'il a connoissance que l'accusé s'est transporté quelquefois vers les révoltés ?

A répondu, Oui, et alors ces individus crioient : *vive le roi ! vive Blanchelande !* Le témoin observe à cet égard que lorsque les blancs avoient le malheur de tomber entre les mains des noirs révoltés, on leur faisoit subir les tourmens les plus inouis. Les uns étoient liés sur des morceaux de bois et rôtis vifs ; d'autres furent accrochés et liés à des arbres par les pieds, la tête en bas ; on les laissoit mourir en cet état : le citoyen . . . . . fut enlevé de son domicile avec sa femme et un enfant ; il fut massacré et rôti en présence de sa femme ; on la força à manger de la chair de son mari, elle en eut regret ; alors on lui ouvrit le ventre, après avoir vu massacrer son enfant ; le témoin ajoute que Blanchelande est l'homme le plus pusillanime qui existe ; il a, dit-il, servi pendant 47 ans, et il fut trois semaines à dresser le prétendu plan d'attaque qui a coûté la vie à tant de bons citoyens ; s'il avoit voulu, aucun nègre n'échappoit ; mais lorsqu'on fut arrivé, au lieu de tirer sur les révoltés, il fit tirer le canon d'un côté où il ne se trouvoit personne ; ce qui donna le tems aux contre-révolutionnaires de s'échapper, aussi l'on ne trouva que des vieux nègres et des malades dans l'habitation.

Bernard Guyot, tenant la pompe de la voie publique à Saint-Domingue, et Jean-Baptiste Fournaires, colons, habitans de St. Domingue, sont entendus en dépositions ; elles sont à-peu-près les mêmes que les précédentes.

Jean-François Bernard, chirurgien à St. Domingue, dépose qu'il est à sa connoissance que Blanchelande a cassé la municipalité du Petit-Goave ; qn'à cet effet il envoya le chevalier Montant, commandant le vaisseau le *Double Sans-Soucis*, pour envelopper la ville, ce qui fut effectué ; on enleva les meilleurs citoyens de toutes classes et de tous âges ; on les incarcera avec un tel despotisme, que les autres citoyens ne pouvoient les voir, ni seulement leur faire passer la soupe ; trois sont morts dans les cachots : le témoin observe qu'il a vu deux mois après les cadavres de ces malheureux, et que l'empreinte des cordes s'y faisoit très-bien remarquer ; les assemblées coloniales écrivirent à Blanchelande pour relâcher les prisonniers ; mais il n'en fit rien ; au contraire, on pressa leur jugement ; les échafauds furent dressés, l environs du lieu des exécutions étoient loués d'avar.e par les partisans de Blanchelande, qui y donnoient des fêtes ; enfin lui témoin ayant été arrêté, il fut dépouillé, conduit au vaisseau qui l'a déporté. Il resta entre deux canons, où il a souffert les douleurs les plus aiguës pendant la traversée ; les matelots touchés de ses malheurs, l'ont revêtu.

L'accusé répond : à l'égard de la déportation, je n'ai agi que d'après les ordres qui m'ont été adressés par le procureur-syndic du Port-au-Prince.

Quant au reste, il s'en réfère à ses précédentes réponses.

Le témoin continue en observant qu'il a oublié de dire que les citoyens qui restèrent au petit Goave, furent incorporés avec les volontaires Ponpons blancs, qui en ont massacré une partie, en les conduisant, disoit-on, au Cap ; d'autres furent égorgés dans leurs habitations ;

habitations; les citoyens des Cayes furent en partie aussi sacrifiés. Blanchelande faisoit délivrer des pon-pons blancs dans les églises, et ceux qui n'en pre-noient pas étoient menacés; l'incendie de la ville du Port-au-Prince est la suite des lettres e proclamations de Blanchelande.

Le témoin interpellé de déclarer si l'on peut sortir des Isles, notamment du Port-au-Prince, sans avoir un passe-port signé ou visé du gouverneur?

A répondu. Non, légalement.

L'accusé observe que cela avoit effectivement lieu avant l'établissement des corps populaires; quant à la déportation du ⸱⸱ ⸱in, c'est l'œuvre de Roum.

A lui demai ⸱⸱ s il a signé l'ordre oui ou non?

A répondu. Je ne m'en rappelle pas.

Lecture est faite du passe-port délivré au témoin par la munipalité de Nantes, sur le vu du certificat par lui obtenu à son débarquement, au bureau des classes, où il est dit que lui Jean-François Bernard a été déporté par ordre de Blanchelande.

Le témoin observe que l'accusé et les commissaires Roum et Saint-Léger alloient et venoient parmi les nè-gres révoltés, qu'ils avoient souvent des conférences avec eux, notamment avec Jean François.

L'accusé répond. Je me suis déja expliqué sur la majeure partie des faits sur lesquels le témoin vient de déposer; j'ajouterai seulement que j'ai fait tout ce qu'il étoit en pouvoir pour entretenir la paix et la tranquil-lité; je demande au témoin s'il y a eu une contre-révo-lution à Saint-Domingue.

Le témoin prenant la parole, dit: Oui, il y en a eu une; mais elle ne dura heureusement qu'un moment.

Le président interpelle l'accusé de s'expliquer sur ce qu'il vient de dire, qu'il a entretenu la paix et la tranquillité, tandis que tout étoit incendié et massacré.

A répondu. L'incendie du Port-au-Prince n'est pas de mon fait, j'étois à 60 lieues de là.

Gilbert-Albert Fromenteau, marchand, dépose des mêmes faits que les témoins précédens; il ajoute qu'il est à sa connoissance, que Blanchelande a écrit une lettre.

Sitôt l'arrestation des citoyens qui ont été déportés,

C

elle porte entr'autres détails d'opérations, ceux-ci : je viens de faire arrêter et transporter abord d'un bâtiment, huit des principaux chefs des factieux, qui y sont détenus sous la volée du canon des vaisseaux, et sous une bonne et sûre garde qui en répond. Je viens d'expulser tous les chefs des individus nuisibles à la société; le sieur de Montellier étoit aussi du nombre, mais il m'a demandé un passeport pour la nouvelle Angleterre, et je lui ai accordé de concert avec M. Roume; la municipalité et M. Roume m'ont bien secondé dans ses utiles opérations; je leur dois cette reconnoissance que je me plais à vous annoncer, etc.

L'accusé interpellé de déclarer si cette lettre est de lui :

A répondu. Oui, c'est moi qui l'ai écrite; mais j'observe pour les faits qui y sont contenus, que je n'ai agi que secondairement.

A lui demandé ce qu'il entend par factieux ?

A répondu. Ceux qui troublent l'ordre.

Comment entendez-vous que l'on trouble l'ordre ?

A répondu. Lorsque l'on assassine et que l'on commet des horreurs dont on n'a pas d'idée.

A lui demandé de quels faits ces assassinats ont-ils eu lieu ? Est-ce par la corporation des pompons blancs, ou par ceux qui ont été déportés ?

A répondu. Il y a eu des torts et des délits commis dans tous les partis.

Interpellé de déclarer cathégoriquement s'il entend par factieux ceux qui veulent l'établissement du nouveau gouvernement, ou ceux qui troublent l'ordre pour le rétablissement de l'ancien ?

A répondu. Il ne s'agit point ici d'opinions.

A lui demandé s'il est à sa connoissance que les huit individus déportés aient commis quelques assassinats ?

A répondu. Non.

Bernard d'Alibert, habitant de St. Domingue, est entendu en déposition. Il déclare qu'il est en sa connoissance que Blanchelande a écrit le 21 juin 1792, une lettre au contre-amiral Grimoard, laquelle a été remise par celui-ci aux commissaires, et imprimée dans les papiers publics de la colonie. Elle porte en substance : *je suis satisfait de la conduite que vous avez tenue, à* l'égard de l'arrestation de la frégate l'Agathe, armée en guerre contre les dispositions formelles de la loi ; j'ai donné les ordres nécessaires pour la détention de l'équipage en lieu de sûreté, etc.

L'accusé interpellé de déclarer s'il reconnoît cette lettre pour être de lui ?

A répondu. Oni, je la reconnois.

Le témoin entre ensuite dans le détail de l'incendie du Sud, de l'attaque du camp des Plasoot, où Blanchelande avec une armée de 1200 hommes, divisée sur trois colonnes, les fit attaquer trois jours différens, et séparément les uns des autres : de la fuite de Blanchelande de la ville des Cayes. Il observe que l'accusé dans sa route fut obligé d'aller demander l'hospitalité à l'habitation d'un patriote, qui la lui accorda ; ce citoyen le reçut chez lui, et ne voulut pas se souiller de son sang, parce qu'il le trouvoit trop impur.

Le témoin entre ensuite dans les manœuvres employées pour faire périr les soldats patriotes et les citoyens. Tous ceux qui buvoient du vin tomboient malades et périssoient peu de tems après ; 8000 hommes perdirent la vie ; on décomposa les vins que l'on donnoit aux camps, et l'on y trouva de la coupe-rose, de la litharge, etc.

Le témoin observe qu'il s'est souvent élevé des rixes entre les citoyens appellés *Districts*, et ceux appelés *Ponpons-Blancs*, et pour faire voir la protection dont ces derniers jouissoient, il suffira de dire, que lorsqu'un District avoit le malheur d'être blessé, ce n'étoit rien ; mais au contraire si c'étoit un Pompon, les procédures criminelles, tout étoit mis en jeu.

Le témoin entre ensuite dans les détails de l'arrestation de Borel, ajoutant que si ce généreux citoyen est encore en vie, il la doit à son courage ; et à cet égard il raconte le trait suivant :

Borel instruit qu'une troupe immense de révoltés étoient autour de sa prison, que leurs intentions étoient de l'en arracher et de le massacrer, il fit appeler les chefs des hommes de couleur ; ceux-ci s'étant rendus près de lui, il leur adressa avec énergie le discours suivant ; *Hommes de couleur, j'ai été votre plus cruel ennemi, parce que vous vous étiez armés contre la loi ; mais aujourd'hui que la loi vient de parler en votre faveur,*

C 2

qu'elle vous déclare nos frères, je ne suis plus votre
ennemi ; j'aime la révolution et montrerai mon respect
à la loi. Les chefs des hommes de couleur, qui connoissoient sa franchise, l'embrassèrent, le serrèrent
dans leurs bras, et lui dirent de ne pas s'inquiéter sur
son sort ; qu'ils alloient rendre compte aux troupes,
et qu'il sauroit dans peu leurs réponses. Les ennemis
du bien public instruits de cette entrevue, employèrent
tous les moyens possibles pour empêcher cette réunion.
Borel ayant été instruit qu'il y avoit un complot pour
l'assassiner, fit de nouveau appeler les chefs des
hommes de couleur ; leur ayant fait part de ce que de
bons citoyens lui avoient communiqué, ceux-ci lui promirent de prendre sur ce fait tous les renseignemens
possibles ; leurs démarches ne furent pas infructueuses.
Ils découvrirent effectivement qu'il y avoit un complot,
et qu'ils alloient le déjouer ; ils furent le trouver, et lui
dirent que les nègres avoient été égarés ; mais qu'ils
alloient les détromper sur son compte. Quelques jours
après, les hommes de couleur fermement persuadés
que Borel, qu'ils connoissoient pour être brave, étoit
incapable de les tromper, le nommèrent leur chef ; et
lorsqu'il sortit de prison, tous ces hommes qu'il avoit
battus en différentes rencontres, ne cessoient de le
chérir et de l'admirer.

Le témoin observe au tribunal, qu'il a entendu dire
par des gens dignes de foi qu'il a été envoyé 18,000 fusils
de la mère-patrie sur la frégate la *Normande*, laquelle
frégate n'a point été vue au Cap; mais n'aura point man-
qué de paroître dans d'autres endroits de la colonie. Ce
qui pourroit faire soupçonner que ces fusils ont été déli-
vrés aux révoltés, c'est que vingt à vingt-cinq mille
hommes d'entr'eux se sont trouvés en un clin-d'œil
armés de fusils, sans que l'on ait pu savoir d'où ces
armes leur provenoient.

L'accusé interpellé de déclarer s'il a reçu 18,000 fusils envoyes de France ?

A répondu. Il ne m'en est jamais arrivé une telle
quantité, nonobstant les demandes réitérées que j'en
ai faites ; j'en ai délivré 2,500 à la municipalité, pour
armer la garde nationale.

A lui demandé ce qu'il a reçu d'armes envoyées par

le gouvernement de France, pendant son séjour à St. Domingue?

A répondu. La mémoire ne me fournit pas pour le moment.

On procède à l'audition d'un autre témoin.

Jean-Baptiste-Gabriel l'Archevêque-Thibault, ci-devant procureur de la commune de St. Domingue, après avoir déposé sur tous les faits dont ont parlé les témoins qui l'ont précédé, ajoute : c'est moi qui conseilla à Borel, lors de sa nomination à la place de commandant de la garde nationale du Port-au-Prince, d'aller trouver Blanchelande pour lui en faire part et sonder son opinion, l'avertissant de s'en méfier.

L'accusé répond au témoin. Vous aviez donc de moi une bien mauvaise opinion ; vous ne deviez pas du moins détourner Borel de celle qu'il avoit toujours eue à mon égard.

On procède à l'audition des autres témoins.

Jean-Baptiste Foucaut, employé dans une maison au Cap ; Jacques Mollard, bourgeois au Cap ; François Page, commissaire de St. Domingue, auprès de la convention nationale, ont été entendus successivement ; leurs dépositions sont à peu de choses près les mêmes que les précédentes ; ils ajoutent seulement que Blanchelande a toujours fait la guerre aux soldats patriotes.

Deux d'entr'eux (Morel et Mesle) ont été par ses ordres arrêtés et mis en prison à fond de cale sur le lest ; c'est-à-dire, sur les roches, où ils ont resté deux mois.

Vingt autres qui avoient osé porter des plaintes légitimes contre leurs officiers, furent déportés. C'est ainsi qu'il dépeuploit la colonie de ses plus zélés défenseurs.

Lors de la tenue de l'assemblée coloniale, réunie au Cap, le 8 novembre 1791, Blanchelande y parut avec une nombreuse suite d'officiers de tous grades ; les uns portoient des cocardes jaunes, d'autres des vertes ; Blanchelande exposa dans l'assemblée qu'il y auroit du danger à promulguer la loi.... attendu qu'il y avoit en mer, disoit-il, une escadre Anglaise formidable ; ce qui sembloit indiquer aux colons mécontens de la nouvelle loi, le parti qu'ils devoient prendre.

Le citoyen Hugues, entendu ensuite, a déposé, sur

les secours envoyés du Port-au-Prince à Borel, lors de sa nomination à la place de commandant de la garde nationale ; que ce fut lui témoin, qui fut chargé par l'assemblée provinciale de surveiller l'armement de l'*Agathe* et du *Castor*, destinés à aller au devant de lui.

Il requit, au nom de l'assemblée provinciale, Grimoard de protéger l'arrivée de Borel ; il répondit à lui témoin, qu'il obéiroit à tout ce qui lui seroit ordonné, pourvu qu'il n'y eût pas en tête des réquisitions : *Au nom de la Nation, de la Loi* ; et ce même Grimoard, au lieu de protéger Borel, l'arrêta en mer avec ses compagnons de voyage, et les conduisit prisonniers à St. Marc.

Blanchelande approuva par une lettre la conduite de Grimoard ; Blanchelande sanctionna et approuva l'arrêté de l'assemblée coloniale, portant suppression des clubs et sociétés populaires. Celui du Port-au-Prince, affilié aux Jacobins de Paris, fut dissout à main armée.

Le témoin passe ensuite à l'arrivée de Blanchelande, avec deux vaisseaux et deux frégates devant le Port-au-Prince ; son entrée triomphante dans cette ville, au milieu d'un état-major, portant à leurs chapeaux des cocardes jaunes et vertes ; son apparition à l'assemblée coloniale ; le discours qu'il y prononça.

Le témoin donne également les détails de la mort de *Praloto* ; il ajoute, à ce sujet, que depuis le départ de Blanchelande, les colons et les gens de couleurs viennent de reconnoître la pureté de ses intentions, en faisant élever à ses mânes, un monument qui durera plus que l'existence de ses ennemis.

Le témoin termine sa déposition en ces termes : le 14 Juillet approchoit, on parla de se reconcilier de part et d'autre ; ce qui eut lieu au grand regret des ennemis du bien public.

L'accusé interpellé de déclarer ce qu'il a à répondre à la déposition du témoin.

A répondu : Le témoin dit que j'ai donné mon approbation aux arrêtés de l'assemblée coloniale ; mais comment peut-on me faire un crime d'avoir approuvé les délibérations des représentans du peuple de la colonie. Au sujet des cocardes jaunes et vertes, j'ai toujours porté la cocarde tricolore, et je défie le témoin de

prouver que les officiers qui m'accompagnoient en portoient d'autres; lorsque je me suis rendu au Port-au-Prince
le témoin ne doit pas ignorer que les habitant du Port-
au-Prince, ont fait une guerre cruelle aux gens de
couleurs, et qu'ils se sont réunis lorsque j'ai fait promulguer la loi du 4 Avril. Le tribnnal que l'on dit
que j'ai établi existoit avant mon arrivée ; il avoit été
suspendu de ses fonctions, et les commissaires le ré-
tablirent, et le mirent en activité.

Augustin-Jean Brulley, habitant-planteur de Saint-
Domingne, commissaire de cette colonie, dépose sur
le premier chef d'accusation, qu'il a connoissance par
pièce officielle déposée aux archives de la commission
de Saint-Domingue, des arrestions et déportations
illégales qu'on reproche à l'accusé. Il expose rapide-
ment ces faits différens; il prouve qu'il a connu *Praloto*
au Port-au-Prince, et entre dans les détails relatifs à
son assasinat, dont Blanchelande et Roum sont ses vrais
auteurs en envoyant ce patriote infortuné à Saint-Marc,
ville qui renfermoit les plus mortels ennemis, les an-
tagonistes les plus décidés de la révolution ; aussi a-t-il
ajouté : L'événement a justifié les combinaisons perfides de ce général et commissaire civil, qui avoient juré
la perte de *Praloto*. Il a été coupé en morceaux avec ses
propres armes, et jetté à la mer.

Quant aux autres citoyens déportés dans le même
tems que *Praloto*, ils n'ont pas subi le même sort, ils
sont venus en France après avoir éprouvé à bord tout
ce qu'on peut souffrir dans un état de gêne et de priva-
vation absolue des objets les plus indispensables. Le
déposant a fait remarquer que les déportés sont ceux
qui se sont le plus distingués depuis la révolution; ceux
qui ont rempli des fonctions publiques importantes, et
qu'ils étoient munis de certificats du commissaire civil
Roum, qui attestent qu'on ne pouvoit leur rien repro-
cher, qu'ils s'étoient toujours montrés bons citoyens.

Le déposant passe à l'arrestation de Borel et de ses
camarades ; il détaille les faits, l'entrevue de celui-ci
avec Blanchelande pour lui annoncer qu'il est nommé
capitaine général de la garde nationale au Port-au-
Prince ; l'offre que ce dernier fait à Borel de l'y faire
transporter ; son refus de faire partir avec lui les trois
commissaires de la commune du Port-au-Prince, envoyés

pour annoncer sa nomination ; le parti que prend Borel
de se rendre à sa destination par le bâteau *le Chéri* ; sa
relâche au Môle, où il apprend qu'il est attendu par
des bâtimens mal-intentionnés qui paroissent vouloir se
saisir de la personne de Borel. Celui-ci instruit le Por-
au-Prince de ce qui se passe ; l'assemblée provinciale
de l'Ouest et la municipalité de cette ville, requièrent
l'armement d'un bâtiment nommé l'*Agathe*, pour aller
chercher Borel au Môle. Ce bâtiment y arrive, Borel
s'embarque, part, est rencontré par le *Borée*, vaisseau de l'état, commandé par Grimoard ; il arrête l'*A-
gathe*, *le Castor* et *le Chéri*, sous prétexte qu'ils sont
illégalement armés, et qu'il a ordre de Girardin, contre-
amiral au Cap, d'arrêter tout bâtiment armé sans ordre.
Borel est donc arrêté, et conduit à Saint-Marc, où il est
traduit en prison. Borel réclame auprès de Blanchelande
son élargissement ; celui-ci lui répond durement qu'il
ne peut ni le voir ni l'entendre, et qu'il le livre à la
justice. Cette justice étoit un tribunal suspendu de ses
fonctions par l'assemblée coloniale, pour cause d'inci-
visme. Borel y est traduit par Blanchelande lui-même,
ce qu'il consigne par écrit, ainsi que l'approbation qu'il
donne à Grimoard, qui contre toute règle, avoit arrêté
les bâtimens du Port-au-Prince. Blanchelande a donc
concouru à l'arrestation illégale de Borel, et à tous les
maux qu'il a souffert jusqu'à son élargissement, qui n'est
pas du fait de Blanchelande.

Sur le second chef d'accusation, le déposant dit avoir
eu connoissance qu'à l'époque de la nouvelle du décret
du 15 mai, Blanchelande a écrit qu'il en retarderoit la
promulgation jusqu'à ce que la colonie ait eu le tems de
faire ses représentations pour obtenir la révocation du
décret.

Sur le troisième chef d'accusation, le déposant a
affirmé être instruit que Blanchelande a approuvé la
déclaration de l'assemblée coloniale du 27 mai dernier,
et qu'il a fait une proclamation dans le même genre.

Sur le quatrième chef d'accusation, le déposant
assure qu'il a parfaite connoissance que Blanchelande
a trempé dans les complots formés pour allumer dans
la colonie la guerre intestine. Il annonce qu'il a fait la
guerre pendant dix mois, qu'honoré de la confiance

de

de ses concitoyens , et maire de la paroisse de la grande rivière d'Ennery , sa place et la position de la paroisse l'ont mis dans le cas d'entretenir la correspondance la plus exacte et la plus étendue avec toutes les parties de la colonie , qu'ainsi tous les événemens lui sont parfaitement connus , qu'il est témoin occulaire et auriculaire de grand nombre de faits dont les détails vont prouver au tribunal, comme il en est convaincu lui-même , que Blanchelande et tous les agens du pouvoir exécutif, ainsi que les commissaires civils , ont trempé dans les machinations qui ont soulevé les noirs, et mis la colonie dans la situation affreuse où elle se trouve.

Le déposant observe qu'avant tout , il est essentiel de rectifier l'opinion publique sur les vrais motifs de la guerre qui se fait dans la colonie. Que les agitateurs , cause de tous ces maux, ont , par une double calomnie, imputé aux colons eux-mêmes les désordres dont ils sont victimes. Il dit qu'il a des preuves, que cette guerre a été entreprise pour opérer la contré-révolution. Il affirme que leur cri de guerre étoit *vive le roi !* que le mot de ralliement étoit *gens du roi* ; que les chefs se nommoient et donnoient des passeports avec leurs qualifications de *général des armées du roi, brigadier des armées du roi, colonel royal.* Il ajoute que les chefs qu'il a vu , étoient revêtus de décorations militaires , telles que la croix de St. Louis ; que Jean François , général , portoit même un cordon bleu , la plaque , un chapeau à panache blanc et une large bande de satin ; sur laquelle étoit écrit: *vive le roi de France !*

Le déposant ajoute qu'il lui est arrivé, non seulement d'interroger nombre des prisonniers, mais même de haranguer ces troupes de révoltés, d'une montagne à l'autre ; que tous ont dit et répété: *qu'ils se battoient pour le roi, que les blancs ne vouloient pas de roi, qu'ils ne vouloient pas de prêtres, pas de nobles, qu'ils seroient tous tués comme des chiens.* Les révoltés ajoutoient que le général Blanchelande étoit pour eux; que Cambefort et Touzard étoient pour eux ; que les commissaires civils étoient pour eux; que les troupes étoient pour eux ; et que les blancs feroient mieux de faire leur paquet et de s'en aller. Quelques uns même des prisonniers, ont dit qu'ils se battoient pour l'ancien régime ;

sur la demande qu'on leur faisoit à cet égard, ils répondoient : *moi pas connu, je n'en sais rien.* Ainsi ils se battoient sans savoir pourquoi, et parce qu'on leur avoit
dit de se battre pour l'ancien régime.

Aucun des révoltés n'a parlé de liberté, seulement
de la promesse qu'on leur avoit faite de les faire laisser
trois jours dans la semaine sans travailler, s'ils vouloient se battre contre les blancs, les tuer et brûler les
habitations.

Le déposant a passé aux détails de la guerre ; il a cité
un arrêté de l'assemblée coloniale du 24 Août dernier,
qui mettoit sous les ordres de Blanchelande toutes les
forces de la colonie. Il a assuré que ce chef avoit sous
ses ordres, huit mille hommes, tant de troupes patrio-
tiques que de ligne, qu'il pouvoit facilement employer
pour étouffer les premiers germes de la révolte ; qu'il
ne l'a pas fait ; qu'il a au contraire donné le tems à ces
hommes de se reunir et de s'armer ; et qu'au lieu de les
contenir dans la plaine, en occupant les gorges des montagnes on les y a poussés, dans l'intention, sans doute,
d'étendre les ravages.

Le déposant a affirmé que ceux qui s'étoient réunis
à la hâte pour défendre les montagnes, se sont inutilement adressés à Blanchelande, pour obtenir des secours ; que lui déposant en a demandé par plusieurs lettres, sans avoir de réponse. Que la paroisse du Dondon
lorsqu'elle fut menacée, et avant même l'approche des
révoltés contre-révolutionnaires, avoit, par l'organe de
sa municipalité, demandé des munitions de guerre et de
bouche. Que le maire s'étoit même adressé au déposant,
qui lui avoit envoyé ce qu'il avoit pu ; mais qu'enfin les
braves citoyens du Dondon, après avoir soutenu le combat le plus opiniâtre, ont eté forcés à la retraite, laissant
sur le champ de bataille, près de soixante morts et
nombre de blessés qui furent tous massacrés. Que bien-
tôt le carnage et les atrocités se répandirent dans les
montagnes ; que des familles entières ont été égorgées,
sans aucun égard pour le sexe ni l'âge ; que les révoltés
égorgeoient les hommes s'emparoient des femmes et des
filles, assouvissoient leur brutalité sur les corps pal-
pitans des époux et des pères ; que les entrailles des

enfans étoient ouvertes pour frotter la physionomie des pères et mères ; enfin qu'on s'est livré à toutes les horreurs, dont sont susceptibles des hordes de sauvages comme les révoltés de Saint-Domingue. Qu'ils avoient dans leurs signaux de ralliement même l'empreinte de leur férocité ; qu'une des enseignes, étoit un enfant blanc empâlé au bout d'une pique ; qu'un autre étoit un drapeau blanc, avec des fleurs-de-lys, peintes avec le sang des blancs qu'il avoient égorgés. Qu'enfin on pouvoit mettre sous les yeux du tribunal, le drapeau de la garde nationale du Doudon, pris par les révoltés, et repris sur eux, par le brave Michel, commandant les dragons du Cap.

Alors le déposant déploie le drapeau ; il fait remarquer que les révoltés ont éffacé la nation et la loi, pour ne laisser subsister que leur seul cri de guerre : *Vive le roi !*

Après l'examen de ce drapeau à cravate blanche, fait par les jurés, le déposant reprend la narration des événemens de la guerre.

Il observe que déjà les révoltés s'étoient répandus dans une grande partie des montagnes vers lesquelles Blanchelande les avoit poussés, par les manœuvres vicieuses et perfides qui s'étoient faites dans la plaine du Cap. Déjà le Dondon étoit envahi ; des parties de Plaisance et de la Marmelade étoient dévastées et incendiées. Les défenseurs des montagnes du Nord étoient forcés par leur petit nombre, par leur peu de moyens de défense, à se replier de poste en poste, et de se rapprocher de la partie de l'Ouest.

Ici le déposant observe que les montagnes qui couronnent la plaine du Cap, sont adossées à celles qui bordent les superbes plaines de l'artibonite des Gouaïves, de l'Arcahaid, du Cul-de-sac, etc. Si les révoltés eussent traversé ces montagnes, et qu'ils eussent pénétré dans ces plaines ; les atteliers très-nombreux qui les habitent se joignant à ces hordes déjà considérables de révoltés contre-révolutionnaires de Saint-Domingue, aucune force n'auroit pu arrêter ce torrent dévastateur ; la colonie étoit perdue sans ressource.

Mais le déposant, maire de la grande rivière d'Ennery, avoit calculé les résultats funestes de la révolte. Après

s'être inutilement adressé à Blanchelande pour en obtenir des secours, il s'étoit déterminé à écrire au Port-
au-Prince. Le déposant avoit l'estime et la confiance
des habitans de cette ville; ils le lui avoient prouvé, en
le nommant leur juge. Cette confiance décida du
salut de la colonie. Aussi-tôt après la réception de la
lettre du déposant, l'assemblée provinciale de l'Ouest,
et la municipalité, requirent le plus prompt envoi de
trois cents cinquante hommes tant de garde nationale
que de troupes de ligne. Ils partirent sans délai, ainsi
que la garde nationale de Saint-Marc. Il y avoit à peine
deux heures que le déposant les avoit reçus quand on
lui remit une lettre des défenseurs du dernier des postes
des montagnes, qui lui annonçoit que manquant de
vivres et de munitions, ne recevant aucun secours, et
environnés de révoltés, ils étoient prêts à abandonner
le poste et à gagner les bords de la mer.

Ainsi donc, ajoute le déposant, si j'avois délibéré deux
heures de plus avant d'écrire au Port-au-Prince, les
montagnes étoient abandonnées aux révoltés; ils se répandoient dans ma paroisse et dans les plaines. Je ne
pourrois vous entretenir actuellement des affaires de
la colonie; elle seroit perdue, et j'aurois péri au poste
que m'avoit assigné la confiance de mes concitoyens;
les révoltés ne m'auroient pas plus épargné que le
maire du Dondon; l'infortuné Latour; j'aurois été
égorgé comme lui, comme le respectable Berard, offi-
cier-municipal de la même paroisse; et comme le
brave Coussac, procureur-syndic de la même paroisse,
que les révoltés ont fait périr dans les flammes, après
lui avoir coupé les poignets; car il suffisoit d'être
employé dans une municipalité, pour être plus parti-
culièrement victime de la barbarie de ces féroces ins-
trumens de contre-révolution.

Mais les secours arrivèrent à temps, pour repousser
avec avantage les brigands. Ils furent complettement
battus; s'éloignèrent, et favorisèrent par leur fuite
l'établissement d'une chaîne de poste, qui a été nommé
Cordon de l'Ouest, parce qu'il préservoit la partie de
l'Ouest de l'invasion des révoltés. Ils tentèrent souvent,
mais en vain, de forcer cette barrière. Elle fut toujours victorieusement défendue par ceux qui l'avoient

fermée ; mais la formation ne fut pas ordonnée par Blanchelande, qui avoit sous ses ordres toute la force armée de Saint-Domingue. Français ! elle est due à l'activité des corps populaires du Port-au-Prince ; elle est due au bonheur que j'ai eu d'avoir leur confiance, et de les avertir à tems ; enfin, c'est au Port-au-Prince, cette ville tant calomniée, qu'on doit le salut des restes de la colonie.

C'est en vain que l'accusé prétendroit infirmer ma déposition, en alléguant qu'il a donné des ordres pour que nous fussions sécourus ; il ne nous a fait aucune réponse. J'interpellerois, s'il étoit nécessaire, des témoins ici présens, qui attesteroient que ce ne sont pas les ordres de Blanchelande, mais les réquisitions des corps populaires séans au Port-au-Prince, qui les ont faits marcher à notre secours.

Après la formation du cordon de l'Ouest, ajoute le déposant, Blanchelande nomma un chef pour le commander. Ce cordon devint considérable ; la municipalité de la grande rivière d'Ennery écrivit alors à Blanchelande, pour lui prouver que le cordon pouvoit s'avancer et reconquerir tout le pays dont ils étoient en possession. La réponse de Blanchelande fut un ordre au commandant du cordon, qui défendoit d'attaquer les révoltés.

Pendant l'inaction à laquelle réduisoit cet ordre de Blanchelande, il sait qu'il y eut des conférences, des pour-parlers avec les révoltés. L'accusé sait aussi que les citoyens de ma paroisse, qui étoient à l'un des postes les plus avancés, ont souvent eu des entretiens et même des entrevues très-longues avec les chefs des révoltés.

Je dois, a dit le déposant, instruire le tribunal du résultat de ces conférences.

Les chefs qu'on questionnoit sur le but de la guerre qu'ils nous faisoient, répondoient tous qu'on leur avoit dit qu'il falloit qu'ils se battissent contre nous pour le roi, pour la religion ; qu'ils ne demandoient pas mieux que de rentrer dans les habitations, mais qu'on leur avoit dit qu'ils en avoient trop fait, que les blancs ne leur pardonneroient jamais ; qu'ils les tueroient tous. Ils ajoutoient qu'ils avoient pour eux le général ; qu'ils avoient

*pour eux Cambefort, Touzard, les commissaires civils,
les troupes ; enfin, que tout étoit contre nous, et que nous
ferions mieux de rétablir l'ancien régime, et de faire ce
que le roi et la religion nous demandoient.*

Ces chefs, qui n'étoient que subalternes, ajoutoient
au surplus, que Jean-François, leur chef, en savoit
plus long qu'eux, et qu'ils l'avertiroient pour qu'il vînt
nous parler ; qu'il ne pouvoit pas venir de suite, parce
qu'il falloit qu'il consultât ses conseils. Après avoir
attendu Jean-François pendant deux jours, il vint, mais
au moins avec huit mille brigands qui attaquèrent le
poste pendant la nuit. Cent quatre-vingt hommes sou-
tinrent le choc, et se maintinrent dans leur poste, après
un combat de sept heures, pendant lequel nous eûmes
vingt-six hommes tant tués que blessés; mais nous fûmes
obligés d'abandonner le poste, parce que pendant le
combat, les révoltés avoient détruit par les flammes
tout ce qui avoisinoit le poste. Cependant le cordon
de l'Ouest ne fut pas entamé; mais la partie de l'Ouest
ne fut pas entièrement préservée des ravages.

Trompés comme dans la partie du Sud, par les
mêmes agitateurs qui dans la partie du Nord avoient
soulevé les noirs, les hommes de couleurs, coalisés
avec la corporation des Ponpons-Blancs, et réclamant
en apparence des droits politiques, se laissoient égarer
par des contre-révolutionnaires, détruisoient les corps
populaires et rétablissoient le royalisme par-tout où
ils étoient victorieux. Dans ces parties, des combats
féroces ont eu lieu, des meurtres, des assassinats, des
atrocités se sont commis : entr'autres, la mort de Longpré,
citoyen estimable, dont tout le crime étoit d'être maire
de Léogane. On lui a coupé les chairs de la plante des
pieds, on l'a promené sur des charbons ardens, on
l'a ensuite coupé par petits morceaux, jusqu'à ce que
la mort mît fin à ses souffrances.

C'est ainsi qu'on traitoit les fonctionnaires publics,
toujours en disant qu'on réclamoit des droits politiques
et l'exécution des décrets. On établissoit aussi, de l'aveu
et de l'autorisation de Blanchelande, des commandans
pour le roi ; et quand l'assemblée coloniale, irritée de
tant d'atrocités contre-révolutionnaires, voulut sévir
contre les Villards, les Jumécourt, les Coutards, chefs

de ces Ponpons-Blancs et hommes de couleurs qui les secondoient, le général Blanchelande n'eut aucun égard aux arrêtés et aux réquisitions des réprésentans de la colonie.

De cette manière, la contre-révolution se faisoit dans la partie du Nord et de l'Ouest ; celle du Sud, encore épargnée, fut presqu'entièrement détruite, quand Blanchelande s'y rendit et qu'il y eut fait faire de fausses manœuvres, qui tendoient à la destruction générale de la colonie, l'un des points essentiels du plan de contre-révolution française.

Blanchelande a concouru à l'exécution de ce plan ; et ce qui le prouve non moins évidemment que tout ce que je viens d'avancer, c'est ce qui s'est passé depuis le départ de Blanchelande.

Ces mêmes féroces contre-révolutionnaires, qui nous égorgeoient et incendioient au nom du roi et de la religion, ont reproché aux colons contre lesquels ils se battoient la déportation de Blanchelande. Ils disoient en jurant : *vous avez fait embarquer norte papa Blanchelande, nos amis Cambefort et Touzard, vous nous le paierez cher*, etc.

C'est ce qui m'a été assuré, et ce qui va être attesté par des témoins auriculaires.

Ce qui vous sera encore assuré, c'est que le vaisseau de l'état, l'*Eole*, commandé par Gérardin, fournissoit aux révoltés des munitions de toute espèce. C'est ce qu'a déposé la ministrance de ce bâtiment à la société des amis de la convention, au Cap. Ils ont ajouté, que chaque fois qu'on devoit faire quelqu'envoi de cette nature, on faisoit des signaux, qui leur indiquoient de s'approcher du rivage, dans la nuit, pour recevoir la poudre, les balles, boulets et autres objets qu'on leur portoit.

Il y avoit, ajoute le déposant, encore un autre moyen atroce qu'on a mis en usage, pour fournir aux révoltés munitions et canons. Blanchelande, rétablit on ne sait trop pourquoi, un ancien poste près le Cap, nommé le fort Bély. Il envoie 30 soldats, avec des canons et amples munitions de guerre ; mais il y a fait joindre une barique de vin. Ce qu'on avoit projetté arriva ; les soldats s'enivrèrent ; les révoltés qui étoient aux aguets, arrivèrent, entrèrent dans le fort sans obstacle, massa-

crèrent les 30 hommes , s'emparèrent des canons et munitions , et promenèrent les têtes en triomphe.

Il me paroît à moi très-évident , ajoute le déposant ,
que c'étoit un moyen , et un moyen atroce , de fournir
des munitions aux révoltés. J'ai d'ailleurs vu et touché
des c touches , prises sur les brigands , et en très-grand
nombre , qui ont été reconnues pour avoir été fabriquées
dans l'arsenal du Cap.

C'est d'après ces preuves et toutes celles que je viens
de détailler , que j'ai déposé que Blanchelande avoit
participé aux complots qui tendoient d'allumer la guerre
intestine dans la colonie. Cette disposition est relative
au quatrième chef d'accusation , et je déclare y persister.

Le président demande à Blanchelande , ce qu'il a à
répondre sur la déposition du témoin.

A répondu. Vous pouvez juger de la position où je
me trouve , si les citoyens jurés croient la millième partie de ce qui vient d'être dit par le témoin ; je serois
alors un monstre qu'il faudroit détruire. Peut-on me
rendre responsable des assassinats et abominations que
les nègres ont commis à St. Domingue ; le témoin part
des évènemens malheureux qui s'y sont passés , pour
me les attribuer! Je déclare que j'ai fait tout ce qui étoit
en mon pouvoir de faire , pour..... (se tournant vers
l'auditoire , dans lequel s'élève un léger murmure)
Citoyens je partage votre indignation ; si j'étois à votre
place et que je vis un homme coupable des crimes que
l'on m'impute , je ne balancerois pas à désirer sa mort ,
mais citoyens ce sont des calomnies atroces. Le témoin
vient de vous donner un coup de théâtre , en vous dé-
ployant un drapeau , qu'il apporte ici , et qui m'est absolument étranger. (se tournant vers le tribunal) Par-
donnez , citoyens , le désordre qui règne dans ce que
je dis ; je suis vivement pénétré ; est-il possible que l'on
puisse m'imputer de pareils crimes ? j'avois des témoins
à faire entendre pour ma justification , mais ils m'ont
fait dire qu'ils craignoient que leur zèle pour la vérité
ne les exposât à la fureur populaire.

Le président dit à l'accusé ; ne craignez rien ; les citoyens que vous avez à faire entendre , seront ici sous
la sauve-garde de la loi.

L'accusateur-

L'accusateur public dit : si vous désirez prendre un peu de repos, on suspendra l'audience.

L'accusé : je demanderai en grâce au tribunal de vouloir bien permettre que je me retire dans un petit coin, pour me recueillir et pouvoir me disposer à répondre. J'avoue que je n'ai pas l'usage de la parole, et que les moyens me manquent, pour répondre à une plaidoierie semblable à celle que le témoin vient de diriger contre moi ; je suis un ancien militaire, qui ne s'est jamais occupé que de son état, je demanderai donc une couple d'heures pour répondre.

Le tribunal accorde deux heures à l'accusé pour se recueillir, et suspend son audience pendant ce tems.

L'audience est reprise.

Le président interpelle le citoyen Brulley, de déclarer quels sont les noms des commissaires nationaux, qu'il dit dans sa déposition, avoir parlementé avec les révoltés.

A répondu. C'étoit Roume, Mirbeck et St. Léger.

L'accusé répond sur chacun des principaux faits, contenus en la déposition du citoyen Bruley.

Lorsqu'il lui a écrit pour avoir des secours, il lui a sur le champ fait réponse et à chaque fois. Je n'avois, ajoute-t-il, qu'environ 2,000 hommes, dont je pouvois disposer, et j'en avois le plus grand besoin alors auprès de moi ; à chaque instant, l'on recevoit des avis allarmans sur des désastres qui se commettoient ; je faisois alors partir un détachement de ma petite troupe, pour aller disperser les révoltés, il m'est arrivé de n'avoir autour de moi que 200 hommes, les autres etoient partis de différens côtés.

L'accusé donne lecture d'une lettre par lui écrite le 31 Août, au sieur de la Martelière, dans laquelle il lui rend compte des ordres qu'il a donné pour le rétablissement de la tranquillité publique.

L'accusé observe que voyant ses efforts inutiles, pour le rétablissement de l'ordre, il avoit écrit au ministre de la marine, pour lui rendre compte de l'état de la colonie, lui exposer la conduite qu'il avoit tenue, et le prier de lui nommer un successeur ; mais que le ministre ne lui fit réponse que quatre mois après, en lui disant de rester à son poste.

E

L'accusé donne lecture de cette lettre, dont l'original, dit-il est déposé dans les bureaux de la Marine.

L'accusateur-public requiert que les colons des Isles-du-Vent qui peuvent être dans l'audience, soient entendus comme simple déclaration sur les faits qui peuvent être à leur connoissance, touchant l'accusé Blanchelande.

Le témoin interpellé de déclarer s'il est à sa connoissance que Blanchelande ait parlementé avec les révoltés.

A répondu. Non.

Plusieurs citoyens colons entrent dans l'audience ; ils sont successivement entendus ; il résulte de leur déclaration qu'il y avoit un systême désorganisateur combiné pour opérer la contre-révolution dans les colonies.

Ce qui se passoit à Saint-Domingue se passoit à la Martinique.

Blanchelande protégeoit la corporation des Ponpons blancs.

Béhague, gouverneur des Isles-du-Vent, les protégeoit aussi.

A Saint-Domingue les patriotes étoient persécutés.

A la Martinique ils faisoient la même chose.

A Saint-Domingue, les soldats qui ne partageoient pas les principes anti-constitutionnels de leurs chefs étoient traités d'indisciplinés et d'insubordonnés.

A la Martinique c'étoit la même raison dont on se servoit pour les vexer.

Le sang des meilleurs citoyens coula à St. Domingue.

Il a coulé à la Martinique.

On vit à St. Domingue les proscriptions et les déportations des plus chauds partisans de la révolution.

C'étoit de même à la Martinique, etc. etc.

On procède à l'audition d'un autre témoin.

Le citoyen Michel, planteur et capitaine de dragons au Cap, dépose des faits relatifs à l'expédition de Galiffet. Lorsqu'on fit part à Blanchelande, qui commandoit la colonne du centre, du malheur arrivé aux deux autres, il dit ce n'est rien, tout cela n'est rien, ça s'arrangera. Ayant dit à Blanchelande qu'il falloit pousser plus loin ; non, dit-il, nous n'avons pas assez de munitions ; quelques jours après s'étant trouvé près du camp des révoltés , ils se mirent à dire : c'est papa Blanchelande.

Le témoin donne le détail de la manière dont il s'est rendu maître du drapeau (c'est le même récit à cet égard que dans la déposition precédente.)

L'accusé interpellé de déclarer s'il a demandé des secours à Béhague ?

A répondu. Oui, je lui en ai demandé.

En quel temps ?

A répondu. En mars 1791, et ils arrivèrent en mai.

A lui demandé pourquoi il a renvoyé les troupes que Béhague lui envoyoit ?

L'accusé fait lecture d'une lettre de Béhague, dans laquelle il est dit que les troupes qu'il lui envoie sont des soldats indisciplinés. Blanchelande observe que, craignant que les mêmes événemens qui avoient eu lieu aux Ilsles-du-Vent ne se renouvellassent à Saint-Domingue , il s'étoit décidé à les renvoyer en France.

Les colons des Isles-du-Vent interpellés sur la question de savoir s'il étoit à leur connoissance que pendant le séjour que ces troupes ont fait à la Martinique, elles leurs aient paru indisciplinées ?

Ont répondu. Jamais nous n'avions vu des meilleurs patriotes , ni des soldats plus braves.

Le témoin observe que Blanchelande a renvoyé en France le vaisseau le *Fougueux*, et son nombreux équipage, qui auroit été d'une grande utilité dans la colonie, et ce, nonobstant les représentations de la municipalité du Cap.

L'accusé interpellé de déclarer pourquoi il a renvoyé ce vaisseau ?

A répondu. Pour escorter le régiment du Cap, attendu que c'est la règle en mer.

Le témoin ajoute qu'il est à sa connoissance que Béhague en envoyant des troupes à Blanchelande , lui écrivoit faites-les repasser en France.

Sur l'interpellation faite à l'accusé de déclarer s'il n'y avoit pas un plan entre lui et Béhague pour dégarnir de troupes les Isles-du-Vent et Sous-le-Vent.

A répondu. Hélas ! non.

L'accusé interpellé de déclarer s'il n'a pas écrit au ministre de lui faire passer des troupes étrangères ?

A répondu. Oui, je l'avois prié de m'en faire passer, afin que n'entendant pas la langue française, elles ne pussent être influencées par aucun parti.

On procède à l'audition de plusieurs autres témoins.

Un soldat du second bataillon de Normandie dépose des faits relatifs à différentes affaires où il s'est trouvé ; il a monté sur une éminence où, disoit-on, il ne falloit que de gens de bonne volonté ; ils étoient environ 50 hommes, on leur avoit dit qu'il n'y avoit que 300 révoltés, et ils en trouvèrent plus de 8000 ; nonobstant les coups de fusils qu'on ne leur épargnoit pas, ils sont venus à bout de les en déloger ; il ajoute que Roum, commissaire national, faisoit faire des écharpes tricolores, qu'il donnoit à porter à des nègres ; ceux-ci ont souvent reçu de fusils que l'on leur livroit pour du sucre ; enfin, il parle de Ponpons-Blancs, dont les mots d'ordres et de ralliemens étoient *Carnage et Autorités ministérielles*.

Un autre témoin dépose que Blanchelande a fait construire dans un endroit où il n'étoit nullement nécessaire, un fort auquel il a donné son nom, tandis qu'il fit détruire et raser celui des Cliques, poste important qui empêchoit les révoltés de pénétrer dans la plaine ; enfin il attribue à Blanchelande tous les désastres arrivés à St. Domingue, désastres qu'il évalue avoir coûté la vie à 50,000 hommes et deux milliards de perte.

L'accusé interpellé de déclarer pourquoi il a fait évacuer et détruire le fort des Cliques.

A répondu. Ce poste n'étoit gardé que par 20 hommes, je craignois que les révoltés ne s'en saisissent, par surprise ou autrement, et qu'ensuite ils ne s'en servissent contre nous, si l'on vouloit pénétrer dans la plaine pour les en débusquer, en cas qu'ils voulussent y continuer leurs ravages et dévastations.

L'accusé demande ensuite une journée pour se reposer, attendu qu'il est fatigué de corps et d'esprit, ne s'étant pas déshabillé depuis deux nuits.

Le défenseur de Blanchelande appuie la demande de son client, motivé sur ce qu'il n'y a que dix jours qu'il est chargé de l'importante mission qu'il va remplir, observant que cette affaire est tellement compliquée, que d'ailleurs on a parlé de faits auxquels on ne s'étoit nullement attendu , étant , pour ainsi-dire , étrangers à l'acte d'accusation; il demande le tems de se procurer les pièces qui peuvent lui manquer, et celui de les examiner.

L'accusateur-public requiert qu'avant de prendre aucun parti sur la demande de l'accusé et de son défenseur , on entende tous les témoins, afin que l'opinion des jurés soit alors fixe.

Le tribunal faisant droit sur le réquisitoire de l'accusateur-public , ordonne que tous les témoins seront de suite entendus; et pour cet effet, à demain huit heures du matin.

Il est onze heures du soir, Samedi 13 avril.

Audience du dimanche 14 avril.

On procède à l'audition des témoins.

N. dépose que madame Blanchelande borda elle-même de plumes noires et blanches le chapeau du marquis de Cadousse , président de l'assemblée coloniale.

L'accusé interpellé sur ce fait , dit. Je nie la première déposition ; quant à la seconde , il est très-vrai que ma femme a donné quelques plumes noires et blanches au marquis de Cadousse ; mais elle ne l'a fait que sur ses instances réitérées.

Jean-Baptiste Minet , propriétaire à St. Domingue, N. Gallot , ci-devant secrétaire de l'assemblée provinciale , Louis Dulac , ci-devant officier au deuxième bataillon de Normandie , sont entendus successivement ; leurs dépositions ne contiennent rien à charge ni à décharge pour l'accusé.

Frédéric Mirbeck , membre du tribunal de cassation, ci-devant commissaire national à St. Domingue , dépose sur les faits des événemens qui ont eu lieu dans cette colonie ; ajoutant que pendant le séjour qu'il y a fait, il ne s'est nullement apperçu que l'accusé fût un contre-révolutionnaire ; il ne lui a vu que du zèle pour faire exécuter les loix et maintenir la tranquillité publique.

Le témoin interpellé de déclarer s'il n'a pas eu , lui et ses collègues une entrevue avec Jean-François et Biassou , chefs des révoltés ?

A répondu. Oui , je me suis trouvé une seule fois

avec mes collègues dans un pour-parler avec ces gens-là ; nous avions avec nous une force armée d'environ cinq cens hommes.

Interpellé pourquoi ils n'ont pas fait enlever les chefs des révoltés, puisqu'ils étoient en forces ?

Le témoin observe qu'ils n'avoient pas cette mission; que d'ailleurs ils avoient dix mille hommes avec eux, et l'on ne pouvoit, sans danger pour la cause publique, tenter un pareil coup ; ajoutant que s'ils avoient arrêté Jean François et Biassou, ils auroient violé le droit des gens, exposé la vie des colons blancs prisonniers. Au reste cela ne se pouvoit pas faire aussi aisément que l'on pourroit le croire.

L'accusé interpellé de déclarer pourquoi il n'a pas le double des lettres qu'il a écrites aux commissaires ?

A répondu. Je ne croyois pas être un jour obligé de paroître devant un tribunal.

On procède à l'audition d'un autre témoin.

N. St. Léger, ci-devant commissaire national à St. Domingue, dépose des mêmes faits, sur les événemens arrivés aux Isles-du-Vent.

L'accusé dit. Citoyen président, je vous prie de vouloir bien interpeller le témoin de déclarer succintement ce qu'il connoît des assassinats commis à Saint-Domingue.

Le témoin. Non, tout cela étoit avant mon arrivée.

L'accusé. Je prie le citoyen président de vouloir bien interpeller le témoin de déclarer quel étoit le thermomètre de l'opinion publique sur mon compte à St. Domingue ?

Le témoin. Les uns vous blâmoient, les autres vous plaignoient ; et je crois que les derniers avoient raison ; car j'ai toujours regardé la place que vous occupiez non-seulement comme au-dessus de vos forces, mais comme au-dessus de celles de tout être humain.

On procède à l'audition d'un autre témoin.

N. Roume, ci-devant commissaire national à Saint-Domingue, dépose sur tous les faits rapportés dans le cours du débat ; il ajoute à l'occasion de l'assassinat de *Praloto,* qu'il n'a point fait mettre à exécution le décret de prise-de-corps lancé contre Roi-de-la-Grange, dans la crainte qu'il n'y eût un massacre entre les Ponpons blancs qui le soutenoient , et les Districts qui le haïssoient.

Le témoin annonce qu'il n'y a que trois mois qu'il est arrivé de St. Domingue ; que les Ponpons-blancs n'existent plus. Ils ont prêté le serment civique, devant les nouveaux commissaires , et se sont réunis aux autres citoyens.

L'accusé interpellé de déclarer pourquoi il a refusé de laisser embarquer les trois citoyens que Borel vouloit emmener avec lui.

A répondu. Parce que je ne voulois pas faire supporter à l'état , les frais de leur transport.

A lui demandé s'il étoit à sa connoissance, que Borel, au moment de son arrestation , étoit membre de l'assemblée coloniale.

A répondu. Je savois bien qu'il l'avoit été, mais j'ignorois qu'il le fût encore.

A lui demandé s'il savoit qu'il avoit été nommé commandant de la garde nationale du Port-au-Prince.

A répondu. Oui.

L'accusateur-public interpelle l'accusé de déclarer oui ou non , s'il a fait arrêter Borel ?

A répondu. Non.

Lecture est successivement faite d'une lettre de Blanchelande , qu'il reconnoit pour être de lui , et de plusieurs autres pièces probantes qui établissent avec clarté , que c'est lui accusé , qui a fait arrêter Borel.

On procède à l'audition d'un autre témoin.

N. Lacoste , ex-ministre de la marine , dépose des faits relatifs à son administration. Interpellé de déclarer si pendant son ministère , il a fait passer soigneusement les loix concernant les colonies.

A répondu. Je les ai faites passer autant qu'il m'a été possible, attendu que l'on ne peut pas les y envoyer par la poste; il faut attendre l'occasion des navires qui partent. Je crois que la loi du 15 Mai , n'a jamais été envoyée officiellement dans aucune colonie.

Le témoin interpellé pourquoi il n'a point envoyé cette loi.

A répondu Je n'étois plus au ministère.

L'accusé observe à ce sujet , qu'il étoit d'usage que les nouvelles envoyées par une ordonnance avoient force de loix.

On procède à l'audition d'un autre témoin.

N. Lavalette, propriétaire et commandant des volontaires de St. Marc, dépose qu'il connoît Blanchelande depuis 15 ans, qu'il ne lui a jamais connu que de bonnes intentions ; que les volontaires que l'on qualifie de Ponpons-blancs, n'en ont jamais porté. A 2,000 lieues de-là on dénature les faits ; mais ce qui suffit pour faire leur éloge, c'est le décret que l'assemblée constituante a rendu en leur faveur.

Un témoin, colon des Isles-sous-le-Vent, interrompt le déposant, et prie le tribunal de vouloir bien lui demander s'il est à sa connoissance qu'un seul Ponpon-blanc ait été déporté, eût-il tué père et mère ?

Le témoin répond. Je n'ai vu déporter personne pendant mon séjour à Saint-Marc.

Le colon observe qu'à la vérité, du tems que la Valette commandoit ou ne déportoit point ; mais au nom de la loi, on jettoit les bons citoyens dans les cachots, on les livroit à un tribunal vendu au gouvernement, qui faisoit pendre les uns, fouetter et marquer les autres, au nom de la loi.

Le témoin continue et dit. Je reviens au citoyen Blanchelande ; il ne m'est jamais arrivé de l'entendre parler autre chose que révolution ; aussi disoit-on que c'étoit un démagogue ; Borel, mon voisin, qui demeure près de mon habitation, m'a dit plusieurs fois qu'il falloit que Blanchelande périsse ou bien lui.

Le président demande à l'accusé, qui vous a nommé à votre gouvernement ?

A répondu. C'est le ministre de la Luzerne.

A quelle époque êtes-vous parti ?

A répondu. Le 8 Novembre 1790.

Où avez-vous débarqué ?

A répondu. Au Port-au-Prince.

Dans quel état avez-vous trouvé la colonie ?

A répondu. Tout étoit tranquille, à l'exception de quelques légères rixes qui avoient lieu de tems en tems avec les Ponpons blancs et les Districts.

A quelle époque êtes-vous arrivé dans votre gouvernement ?

A répondu. En janvier 1791.

En quel tems les troubles ont-ils commencé ?

A

A répondu. Vers la fin du mois d'Août suivant.

Vous aviez donc le tems de vous préparer à vous mettre en état de prévenir les troubles!

A répondu. Quand l'on voit la tranquillité régner, on croit qu'elle durera toujours.

Puisque vous convenez que les Ponpons étoient un sujet de troubles, vous deviez les dissoudre.

A répondu. Je ne sais pas si j'en avois le droit, ces individus ayant été loués par un décret de l'assemblée nationale.

Pourquoi avez-vous souffert que la municipalité du petit Goave fût transportée prisonnière à 60 lieues de-là!

A répondu. C'étoit d'après les ordres du procureur-syndic du Port-au Prince.

Pourquoi, vous qui avez négligé de dissoudre les Ponpons blancs, avez-vous dissout les sociétés populaires !

A répondu. L'assemblée coloniale l'avoit expressément ordonné par un arrêté formel.

Pourquoi êtes-vous allé trouver les soldats de Normandie lors de leur arrivée au Port-au-Prince!

A répondu. Je voulois voir en quel état étoient ces troupes.

Pourquoi les avez-vous engagés à aller au Mole, en leur disant qu'ils auroient de la viande fraîche, du pain frais, de bon tafia et de jolies femmes!

A répondu. Mon projet étoit de mettre un bataillon au Mole, et l'autre au Port-au-Prince ; la vérité est qu'au Mole les eaux y sont plus saines, et l'air plus pur.

Pourquoi avez-vous fui lors des troubles du Port-au Prince!

A répondu. Parce qu'on vouloit me forcer à promulguer la loi du mois d'Octobre, et que je craignois que ma résistance ne m'attirât le sort du chevalier Mauduit.

Pourquoi n'avez-vous pas déféré aux réquisitions d'un grand nombre de municipalités qui demandoient la conservation du *Fougueux!*

A répondu. Les vaisseaux deviennent infiniment trop coûteux aux Isles-du-Vent et Sous-le-Vent.

Quelles étoient vos vues en demandant des troupes à Béhague !

A répondu. Parceque je craignois des événemens au Port-au-Prince.

Pourquoi avez-vous gardé auprès de vous les officiers de Normandie pour vous faire un cortège ?

A répondu. Je ne les gardois pas pour me faire un cortège.

Pourquoi avez-vous gardé auprès de vous Grimoard, et l'avez-vous autorisé à arrêter Borel ?

A répondu. Je le gardois, parce que j'en avois besoin pour se transporter dans les différens endroits où il se manifestoit des troubles.

L'accusateur-public analyse le résultat des débats.

Le citoyen Tronçon Ducoudray, défenseur de l'accusé, est ensuite entendu. Il développe avec autant de clarté que d'éloquence la défense de son client ; il combat successivement chacun des chefs d'accusation. Nous n'entrerons dans aucun développement de cette intéressante plaidoierie, dans la crainte qu'en la morcelant, nous n'en altérions les beautés. Il suffira de dire que pendant trois heures qu'il a parlé, le peuple immense qui remplissoit l'auditoire, (quoiqu'il fût deux heures du matin) l'a écouté avec admiration dans le plus profond silence.

Le citoyen président a posé chacune des questions, sur lesquelles les jurés avoient à prononcer ; ceux-ci après s'être retirés dans leur chambre et en avoir délibéré, sont rentrés à l'audience, ont fait à haute voix et individuellement la déclaration suivante, portant que :

1.º Il y a eu à Saint-Domingue des déportations arbitraires pendant que Blanchelande étoit Lieutenant au Gouvernement général des Isles-Françaises Sous-le-Vent; 2.º que ledit Blanchelande est convaincu d'avoir autorisé ces déportations arbitraires ; 3.º qu'il y a eu, à Saint-Domingue, des détentions arbitraires de plusieurs citoyens ; 4.º que ledit Blanchelande est convaincu d'avoir autorisé ces détentions; 5.º qu'il y a eu à Saint-Domingue un parti contre-révolutionnaire, portant, pour signe de ralliement, un ponpon blanc; 6.º que le dit Blanchelande est convaincu d'avoir favorisé ce parti; 7.º que pendant l'existence du parti contre-révolutionnaire, il y a eu des complots tendans à allumer la guerre civile dans la Colonie, à troubler l'Etat dont elle fait partie, et à armer les citoyens contre l'autorité légitime ; 8.º que ledit Blan- chelande est convaincu d'avoir secondé ces complots ; 9.º que, dans tous les faits qui viennent d'être énoncés, ledit Blanchelande a eu des intentions contre-révolutionnaires.

Le président ordonne que l'on fasse entrer l'accusé : cet ordre ayant été exécuté, il lui a fait part de la déclaration du juré, lui observant que les deux dernières questions avoient eu pour l'affirmative, neuf voix sur onze.

L'accusateur-public, sur la déclaration du juré, conclut à la peine de mort, motivé sur l'existence de la loi.

Le président demande à l'accusé s'il n'a rien à dire contre l'application de la loi.

L'accusé répond. Je jure par Dieu, que je vais voir tout à l'heure, que je n'ai trempé pour rien dans les faits que l'on m'impute.

Une pâleur mortelle se répand sur le visage de l'accusé.

Le premier juge motive son opinion, et conclut à la peine de mort et à la confiscation des biens au profit de la République.

L'accusé répond. Elle n'aura rien ; car je n'ai rien.

Le président après avoir reçu les opinions motivées de chacun des juges du tribunal, y joint la sienne et prononce le jugement suivant :

Après soixante-quinze heures de Séance :

Le Tribunal, après avoir entendu l'Accusateur public, sur l'application de la Loi, condamne ledit Philibert-François Rouxel-Blanchelande à la peine de mort, conformément à l'art. 2, 2e. section, tit. 1er. de la seconde partie du Code Pénal dont il a été fait lecture, laquelle est ainsi conçue :

Toute conspiration et complots tendant à troubler l'état par une guerre civile, en armant les citoyens les uns contre les autres, ou contre l'exercice de l'autorité légitime, seront punis de mort.

Ordonne que ses biens sont acquis au profit de la République ; conformément à l'art. 2, du tit. II de la Loi du 10 mars dernier ; comme aussi que le présent jugement sera, à la diligence de l'Accusateur public, exécuté sur la place de la Réunion de cette ville, et qu'il sera imprimé, publié et affiché dans toute l'étendue de la République.

FAIT à Paris, le 15e. jour du mois d'Avril mil sept cent quatre-vingt-treize, 2e. de la République, en l'audience publique du Tribunal, où étoient présens JACQUES-BERNARD MARIE MONTANÉ, *Président*; ETIENNE FOUCAULT, CHRISTOPHE DUFRICHE-DESMAGDELEINES et ANTOINE ROUSILLON, Juges du Tribunal, qui ont signé la minute du présent Jugement.

Au nom de la République, il est ordonné à tous huissiers sur ce requis de faire mettre ledit jugement à exécution, aux Commandans et Officiers de la force publique, de prêter main-forte lorsqu'ils en seront légalement requis; et aux Commissaires du Pouvoir exécutif d'y tenir la main. En foi de quoi le présent Jugement a été signé par le président du Tribunal et par le Greffier.

Signé, J. B MONTANÉ, *Président.*

N. J. FABRICIUS, Greffier.

Il est sept heures du matin, lundi 15 avril.

L'exécution a eu lieu, le même jour sur les quatre heures après midi.

Chez GUILHEMAT, Imprimeur de la Liberté, rue Serpente, No. 23,

www.ingramcontent.com/pod-product-compliance
Lightning Source LLC
LaVergne TN
LVHW012100030726
842523LV00002B/640